Klick! inklusiv

7|8

Mathematik | Arbeitsheft

Sachaufgaben

Erarbeitet von
Elisabeth Jenert
Petra Kühne

Cornelsen

Mathematik|Arbeitsheft 7|8
Sachaufgaben

Teile dieses Arbeitsheftes basieren auf Inhalten der Lehrwerksreihe Klick! Mathematik.
Diese wurden herausgegeben von Prof. Dr. Franz B. Wember und Meike Busch sowie erarbeitet von
Daniel Jacob, Elisabeth Jenert, Doris Keuck, Petra Kühne, Maike Schindler, Ines Zemkalis

Redaktion: Inga Knoff, Karen Reitz-Koncebovski
Illustration: Timo Grubing, Münster
Technische Zeichnungen: Christian Böhning, Berlin; lernsatz.de
Umschlaggestaltung: Klein & Halm Grafikdesign, Berlin
Layout: lernsatz.de
Technische Umsetzung: PER MEDIEN & MARKETING GmbH, Braunschweig

Bildnachweis: 5 o. re. Shutterstock/ostill; 6 Cornelsen/Peter Hartmann; 26 Fotolia/Ilan Amith; 28 R1 li. Fotolia/DirkR; 28 R1 re. Fotolia/PIXATERRA; 28 R2 li. Fotolia/Maciej Olszewski; 28 R2 re. Fotolia/Alexey; 28 R3 li. Fotolia/massimhokuto; 28 R3 re. Fotolia/lues01; 28 R4 li. Fotolia/hfox; 28 R4 Mi. li. Fotolia/nightsphotos; 28 R4 Mi. re. Fotolia/Magnus; 28 R4 re. Fotolia/ganryu; 30 Mi. re. Peter Wirtz, Dormhagen; 30 o. li. Peter Wirtz, Dormhagen; 32 Fotolia/Blickfang; 38 o. li. imago stock&people/United Archives; 42 Fotolia/Vuk Vukmirovic

Dieses Arbeitsheft ist Bestandteil des Schubers Klick! inklusiv 7/8 (978-3-06-002133-8).
Zu dem Schuber gehören die folgenden Arbeitshefte:
Natürliche und rationale Zahlen / Terme (978-3-06-002120-8), Brüche und Dezimalzahlen (978-3-06-002121-5),
Prozentrechnung (978-3-06-002122-2), Zuordnungen / Daten und Zufall (978-3-06-002123-9),
Flächen und Körper (978-3-06-002124-6), Sachaufgaben (978-3-06-002125-3)

Lösungen und Selbsteinschätzungsbögen zum Arbeitsheft sind als kostenloser Download unter
www.cornelsen.de/klick-inklusiv erhältlich.

www.cornelsen.de

1. Auflage, 5. Druck 2025

Alle Drucke dieser Auflage sind inhaltlich unverändert
und können im Unterricht nebeneinander verwendet werden.

© 2018 Cornelsen Verlag GmbH, Mecklenburgische Str. 53, 14197 Berlin, E-Mail: service@cornelsen.de

Druck: Drukarnia Dimograf Sp. z o.o., Bielsko-Biała

ISBN 978-3-06-002125-3

PEFC-zertifiziert
Dieses Produkt stammt aus nachhaltig bewirtschafteten Wäldern und kontrollierten Quellen
PEFC/32-31-076   www.pefc.pl

Inhaltsverzeichnis

	Seite	bearbeitet am:

Aufgaben verstehen

Start ins Thema: Welche Informationen brauchst du? ... 4

So geht es: Wichtiges von Unwichtigem unterscheiden ... 5

Wichtiges von Unwichtigem unterscheiden ... 6

So geht es: Die Aufgabe und das Ergebnis überprüfen ... 9

Kapitänsaufgaben erkennen ... 10

Kapitänsaufgaben erfinden ... 12

Das Ergebnis prüfen ... 13

Das kann ich schon ... 15

Rechenhilfen

Start ins Thema: Welche Skizze passt? ... 16

So geht es: Streifendiagramme und Gleichungen ... 17

Streifendiagramme ... 18

Gleichungen ... 20

So geht es: Rechenschritte planen und Rechenbäume zeichnen ... 22

Rechenschritte planen und Rechenbäume zeichnen ... 23

Das kann ich schon ... 25

Lösungsplan

Start ins Thema: Lösungsplan ... 26

So geht es: mit einem Lösungsplan arbeiten ... 27

Vogelzählung in Deutschland ... 28

Tischfußball ... 30

Die größte Autofabrik ... 32

Schülercafé ... 34

Mixgetränke ... 36

Das kann ich schon ... 37

Fermi-Aufgaben

Start ins Thema: Enrico Fermi ... 38

So geht es: Fermi-Aufgaben ... 39

Fermi-Aufgaben ... 40

Das kann ich schon ... 46

Auf einen Blick ... 47

Start ins Thema: Welche Informationen brauchst du?

Prüfe zuerst, welche Informationen du zur Lösung brauchst.
Kreuze an. Löse die Aufgabe.

1 Wie viel wiegt die Giraffenfamilie?

Das Kalb Bella wiegt 125 kg. ☐
Der Giraffenbulle Otto wiegt 1 930 kg. ☐
Der Zoowärter Peter wiegt 96 kg. ☐
1 642 kg wiegt die Giraffenkuh Ella. ☐

Die Giraffenfamilie _____

2 Wie viele Mädchen sind beim Schülertreff im Internet angemeldet?

Die Mädchen schrieben 6 783 E-Mails. ☐
Insgesamt sind 9 879 Schüler gemeldet. ☐
Am Gewinnspiel nahmen 3 796 Jungen teil. ☐
Beim Schülertreff sind 4 256 Jungen angemeldet. ☐

Es sind _____

3 Wie viele Gläser stellt Silvio auf die Tische?

Silvio stellt Gläser mitten auf die Tische. ☐
Er nimmt für jeden Tisch 3 Weingläser. ☐
Silvio deckt 14 Tische ein. ☐
Ein Glas ist in 1 000 Stücke zerbrochen. ☐

Silvio _____

4 Wie viele Apfelbäume hat die Bäuerin?

Bäuerin Maria isst im Jahr 364 Äpfel. ☐
Ihr Lieblingsapfel heißt Elstar. ☐
Sie hat einen Garten. ☐
In allen 4 Ecken steht ein Apfelbaum. ☐

Bäuerin Maria _____

So gut kann ich die Aufgaben: 😊😐☹️

So geht es: Wichtiges von Unwichtigem unterscheiden

Im Jahr 2011 waren 2 944 165 Besucher im Berliner Zoo (mit seinem Aquarium). Der Tierbestand des Zoos wurde für den 31. Dezember mit 17 727 Tieren angegeben. Am selben Tag wurden für den Berliner Tierpark 7 629 Tiere gezählt, davon 1 436 Säugetiere. Den Tierpark besuchten im Jahr 2011 insgesamt 1 053 222 Menschen.

Wie viele Menschen besuchten die beiden Berliner Tiergärten insgesamt?

Im Text stehen Angaben, die ich nicht für die Rechnung brauche.

In der Frage geht es um Menschen, also …

Wenn ich mir die notwendigen Angaben aufschreibe, kann ich die Aufgabe besser verstehen.

Frage: Wie viele Menschen besuchten die
beiden Berliner Tiergärten insgesamt?

Angaben: …

1 Welche Angaben brauchst du zum Lösen der Aufgabe?
Unterstreiche farbig und schreibe auf.

Angaben: _____

2 In dieser Sachaufgabe stehen nur die Angaben, die du zum Lösen der Aufgabe brauchst.
Ergänze überflüssige Angaben und schreibe die neue Sachaufgabe auf.

Frau Hartmann kauft sich ein neues Auto für 12 800 €. Ihr altes Auto hat sie für 4 900 € verkauft. Für die Differenz nimmt sie einen Kredit auf. Wie hoch muss der Kredit sein?

Ich könnte ergänzen, wie viel die neuen Winterreifen kosten.

_____

_____

_____

_____

Wichtiges von Unwichtigem unterscheiden

1 Welche Angaben brauchst du zum Lösen der Aufgabe? Unterstreiche farbig und schreibe auf.

a) Tims Bruder Peter zieht zu Hause aus. Für seine neue Wohnung kauft er ein neues Bett für 250 €, eine Waschmaschine für 259,99 €, Badmöbel für 45,97 € und einen Kleiderschrank für 129,99 €. Seine Eltern geben für eine Mikrowelle 49,99 € und einen Kühlschrank 119,99 € aus. Von seiner Oma bekommt er noch 200 € für neue Möbel.
Wie viel haben die neuen technischen Geräte insgesamt gekostet?

Angaben: _____

b) Anna verkauft auf dem Flohmarkt Kleidungsstücke, die sie nicht mehr anzieht. Für ihren Stand bezahlt sie 15 €. Ihre Freundin Laura bezahlt für ihren etwas größeren Stand 20 €. Laura nimmt an diesem Tag 59,20 € ein, Anna 72,88 €. Im letzten Monat haben die beiden zusammen 94,76 € eingenommen.
Wie viel Gewinn hat Anna heute gemacht?

Angaben: _____

c) Am Samstagnachmittag haben sich 184 Kinder und 67 Erwachsene den Animationsfilm im Kino angeschaut. Für ein Kind kostet die Karte 4,60 €, für einen Erwachsenen 7,90 €. Am Samstagabend waren alle 256 Plätze im Kino belegt. Am Sonntagnachmittag haben 206 Personen den Animationsfilm gesehen.
Wie viele Personen waren am Samstag insgesamt im Kino?

Angaben: _____

d) Der Eiffelturm in Paris wurde von 1887 bis 1889 erbaut. Der Turm besteht aus 18 038 Metallteilen, enthält 2 500 000 Nieten und hat fünf Aufzüge. Bis zur Spitze des Turms sind es 1 665 Treppenstufen. Für Besucher sind aber nur die erste und die zweite Plattform zugänglich, bis dahin sind es 704 Stufen.
Wie viele Treppenstufen sind nicht für Besucher zugänglich?

Angaben: _____

e) Annas großer Bruder Peter möchte den Führerschein machen. Er kalkuliert 1 400 € für die Fahrstunden und die Sonderfahrten ein. Dazu kommen für die Fahrschule selbst etwa 200 €. Die theoretische und die praktische Prüfung kosten zusammen etwa 90 €. Für sonstige Kosten, wie zum Beispiel den Erste-Hilfe-Kurs und den Sehtest, rechnet er nochmal 100 € dazu. Bisher hat er schon 700 € gespart. Seine Eltern geben ihm 500 € dazu. Wie viel hat Peter insgesamt für den Führerschein kalkuliert?

Angaben: _____

2 In diesen Sachaufgaben stehen nur die Angaben, die du zum Lösen der Aufgabe brauchst. Ergänze überflüssige Angaben und schreibe die neue Sachaufgabe auf.

a) Auf dem Flohmarkt hat Anna 36,70 € eingenommen und ihre Freundin Laura 48,26 €. Wie viel haben beide zusammen verdient?

b) Der höchste Berg der Welt, der Mount Everest, ist 8 848 m hoch.
   Der höchste Berg Europas, der Mont Blanc, ist 4 810 m hoch.
   Wie groß ist der Unterschied zwischen den beiden Bergen?

c) Bei einem Restaurantbesuch bekommt Familie Petrov eine Rechnung von 46,80 €. Sie bezahlen 50 €. Wie viel Trinkgeld bekommt der Kellner?

3 In dieser Sachaufgabe stehen nur die Angaben, die du zum Lösen der Aufgabe brauchst. Ergänze überflüssige Angaben und schreibe die neue Sachaufgabe auf.

a) Der längste Fluss Europas, die Wolga, ist 3 530 km lang. Der längste Fluss der Welt, der Nil, ist 6 671 km lang. Um wie viele km ist der Nil länger als die Wolga?

_____

_____

_____

_____

_____

_____

b) Der Kilometerzähler im Auto von Herrn Meier zeigt 195 486 km an. Heute fährt er von Hamburg nach München 776 km. Welchen Kilometerstand zeigt der Kilometerzähler nach dieser Strecke an?

_____

_____

_____

_____

_____

_____

4 Welche Angaben brauchst du zum Lösen der Aufgabe? Rechne aus.
Für seinen neuen PC hat Tim bereits 195 € gespart. Er bekommt von seiner Oma 50 € und von seinem Vater 75 € für den PC dazu. Monatlich bekommt Tim 30 € Taschengeld. Davon gibt er etwa 10 € für Zeitschriften aus. Den fehlenden Betrag von 180 € leiht sich Tim von seinen Eltern. Wie viel kostet sein neuer PC?

Angaben: _____

Ü:

R:

Antwort: _____

So geht es: Die Aufgabe und das Ergebnis überprüfen

Auf einem Frachtschiff sind
7 Offiziere, 12 Matrosen und
der Kapitän. Wie alt ist der
Kapitän?

Die Frage kann man mit
den Angaben im Text
nicht beantworten.

Diese Aufgabenart nennt
man Kapitänsaufgaben.

Ich prüfe bei jeder Sachaufgabe, ob
die Angaben im Text zur Frage passen.

1 Erfinde eine ähnliche Kapitänsaufgabe.

_____

_____

_____

_____

_____

2 Lena und Lisa gehen ins Kino. Der Film beginnt um 17:30 Uhr.
Sie verlassen das Kino um 19:50 Uhr.
Wie lange dauerte der Film?

Nach dem Rechnen über-
lege ich, ob das Ergebnis
sinnvoll ist.

A : Der Film dauerte 20 Minuten.

Die Antwort kann
nicht stimmen, weil …

3 Warum kann das Ergebnis nicht stimmen? Begründe.

_____

_____

Kapitänsaufgaben erkennen

1 Wann kannst du rechnen? Wann nicht?　　　Kreuze an.

	Ich kann rechnen.	Ich kann nicht rechnen.
a)		
b)		
c)		
d)		
e)		
f)		
g)		
h)		

a) Mira und Anna sind Freundinnen. Mira sammelt Sticker und hat schon 309 Stück. Anna schenkt ihr 15 Pferdesticker aus einem Magazin.

b) Ömer hat in zwei Wochen Geburtstag. Ole hat gespart und kauft ihm ein Auto-Quartett für 3 €.

c) Am Montag haben Lisa und Lena 12 € für das Tierheim gesammelt. Am Freitag haben sie noch einmal 19 € gesammelt.

d) Oma liest gerne Krimis. Ihr neues Buch hat 436 Seiten. Gerade liest sie auf Seite 120.

e) Fatima hat einen Vater, der 39 Jahre alt ist. Die Lehrerin ist dreimal so alt wie Fatima.

f) Unser Hund Elsie hat im Garten schon 28 Knochen vergraben. Unsere Katze Mucki frisst in der Woche 4 Mäuse.

g) Zusammen haben Tim und Murat 678 Murmeln. Tim gehören 298 Murmeln.

h) Dennis kauft im Einkaufszentrum für seine Stereoanlage vier große Batterien für 9 € und noch zwei neue Musik-CDs für je 12 €.

2 Welche Aufgabe ist ein Kapitänsaufgabe? Kreise ein.

a) Paul hat in seinem Sparschwein 79,51 €. Nun möchte er sich ein neues PC-Spiel für seinen Computer kaufen. Reicht das restliche Geld, um sich noch die kabellose Maus zu kaufen?

b) Anna wünscht sich zum Geburtstag die Prinzessinnen-Tastatur für ihren Computer. Außerdem braucht sie DVDs und CD-Hüllen jeweils im 50er-Pack. Wie viel müsste ihre Mutter dafür bezahlen?

c) Lena braucht neue DVDs für ihre Fotos. Sie kauft sich einen 50er-Pack DVDs und zwei 10er-Packs CD-Hüllen. Wie viele Fotos passen auf eine DVD?

3 Welche Aufgaben kannst du rechnen, welche nicht?   Kreuze an.

	Ich kann rechnen.	Ich kann nicht rechnen.

a) Der Großglockner ist 3 798 m hoch und die Donau ist 2 845 km lang. Eine Stadtrundfahrt in Berlin kostet 19,95 €.

b) Die Entfernung von Paris nach Berlin beträgt 1 050 km. Von Berlin nach Moskau sind es 1 615 km.

c) Herr Müller verdient 1 520 € im Monat. Seine Frau verdient 940 €.

d) Herr Stade fegt 2 Stunden lang den Schnee vor seinem Haus. In seinem Garten wächst eine 4,60 m hohe Tanne. Nach 3 Stunden ist die Tanne ganz zugeschneit.

e) Lisa isst gern Gummibärchen. Gestern hat sie 57 Stück gegessen. Heute hat sie schon 48 genascht.

f) Anna hat 248 Lieder auf ihrem Handy gespeichert. Auf ihrem MP3-Player hat sie 1 357 Lieder gespeichert.

g) Frau Buss fährt 9 Stunden mit dem Auto nach Italien. Die fünf Mitglieder der Familie Reichenberger fahren lieber nach Schweden.

h) Herr Mol ist beim Jogging in diesem Jahr bis zum 30. Dezember 570 km gelaufen. Silvester läuft er nochmal 9 000 m.

4 Welche Aufgaben sind Kapitänsaufgaben? Kreise ein.

a) Die Birken-Schule hatte für ihr großes Sommerfest 365 € eingeplant. Weil es viele Spenden gab, wurden nur 239 € ausgegeben. Wie viel Geld hat die Schule nun für das nächste Fest übrig?

b) In der Turnhalle der Birken-Schule gibt es 129 verschiedene Bälle. Zum Spielen auf dem Schulhof haben die Kinder 12 Springseile und 8 Federballspiele. Wie viel Spaß haben die Kinder in der Pause?

c) Tim bekommt vom Lehrer vier Leisten, die je 21,9 cm lang sind. Er soll jede Leiste auf eine Länge von 17,3 cm zusägen. Weil er sich ver-messen hat, muss er noch feilen. Wie lang ist die Feile?

d) Ömer möchte einen Bilderrahmen bauen. Vom Lehrer bekommt er eine Leiste, die 18,3 cm lang ist. Für seinen Bilderrahmen sägt er davon eine Leiste von 15,6 cm ab. Wie lang ist das Abfallstück?

Kapitänsaufgaben erfinden

1 Ergänze zu jeder Sachaufgabe eine Frage, sodass es eine Kapitänsaufgabe wird.

a) Paul bekommt monatlich 30 € Taschengeld.

Frage: _____

b) Noah darf täglich höchstens 2 Stunden am Computer arbeiten und spielen.

Frage: _____

c) In der Astrid-Lindgren-Schule lernen 247 Mädchen und 268 Jungen.

Frage: _____

2 Formuliere zu den Angaben eine Kapitänsaufgabe.

a) Schafherde

120 Schafe

20 Lämmer

2 Hunde

_____

_____

_____

_____

b) Zug

75 Fahrgäste steigen ein

108 Fahrgäste steigen aus

_____

_____

_____

_____

3 Formuliere eigene Kapitänsaufgaben.

_____

_____

_____

_____

_____

_____

Das Ergebnis prüfen

1 Die Antwort ist falsch.
Welche Begründung stimmt? Kreuze an.

Lena wog bei ihrer Geburt 2,800 kg.
Lisa wog 500 g mehr.
Wie schwer war Lisa bei ihrer Geburt?

A: *Lisa wog bei ihrer Geburt*
   7,800 kg.

☐ Ein Baby wiegt bei der Geburt
etwa 3 bis 5 kg.

☐ Zwillinge wiegen bei der Geburt
gleich viel.

2 Warum ist die Antwort falsch? Begründe.

a) Dana ist 1,65 m groß.
Ihr Vater ist 29 cm größer.
Wie groß ist der Vater?

A: *Der Vater ist 30,65 m groß.*

_____

_____

_____

b) Kenan kauft sich ein T-Shirt für 14,95 €.
Er bezahlt mit einem 20-€-Schein.
Wie viel Wechselgeld bekommt er
zurück?

A: *Er bekommt 30,05 € zurück.*

_____

_____

3 Welche der Antworten sind falsch? Begründe.

a) Herr Schulz kauft für seine Kinder ein Spiel für 29,95 €.
Er bezahlt mit einem 50-€-Schein.
Wie viel Wechselgeld bekommt er zurück?

1 A: *Er bekommt 20,05 € zurück.*   2 A: *Er bekommt 50,05 € zurück.*

Antwort: _____ , weil _____

b) Paul ist 13 Jahre alt. Seine Mutter ist dreimal so alt wie er.
Wie alt ist die Mutter?

1 A: *Seine Mutter ist 4 Jahre alt.*   2 A: *Seine Mutter ist 39 Jahre alt.*

Antwort: _____ , weil _____

4 Warum ist die Antwort falsch? Begründe.

a) Frau Müller wiegt 68 kg. In der
Schwangerschaft hat sie 11,5 kg
zugenommen.
Wie viel wog sie am Ende der
Schwangerschaft?

A: Am Ende der Schwangerschaft wog
sie 1163 kg.

_____
_____
_____
_____
_____

b) Noah trinkt in der Schule 0,75 l Apfel-
schorle. Zuhause trinkt er morgens 0,2 l
Milch und abends 1,25 l Wasser oder
Limonade.
Wie viel trinkt er am ganzen Tag?

A: Er trinkt 10,25 l am Tag.

_____
_____
_____
_____

5 Welche Antworten sind falsch? Streiche durch und begründe.

a) Ling-Ling kauft neue Turnschuhe für
47,99 €. Sie bezahlt mit einem
50-€-Schein.
Wie viel Wechselgeld bekommt sie
zurück?

A: Sie bekommt 2,01 € zurück.

A: Sie bekommt 62,01 € zurück.

_____
_____
_____

b) Herr Meier ist 42 Jahre alt.
Seine Tochter ist 18 Jahre alt.
Wie alt war Herr Meier bei der
Geburt seiner Tochter?

A: Er war 4 Jahre alt.

A: Er war 24 Jahre alt.

_____
_____
_____

Das kann ich schon

1 Welche Angaben brauchst du zum Lösen der Aufgabe? Unterstreiche farbig und
schreibe auf.

> Im Jahr 2011 wurden am Flughafen Frankfurt am Main insgesamt 56 443 657 Fluggäste
> und 2 169 304 Tonnen Luftfracht erfasst. Am Flughafen Köln/Bonn wurden im selben
> Jahr 9 625 483 Fluggäste und 742 347 Tonnen Luftfracht registriert.
> Wie viele Fluggäste mehr wurden am Frankfurter Flughafen abgefertigt?

☺☺☹ Angaben: _____

2 Welche Aufgabe ist eine Kapitänsaufgabe? Kreise ein.

> Tante Emma kommt zu Besuch. Sie bessert das Taschengeld der Kinder auf.
> Sie schenkt jedem ihrer vier Neffen 6 €.

a) Sie hatte 60 € im Portmonee. Wie viel Geld behält sie übrig?

b) Die zwei großen Nichten kommen auch.
   Wie viel Euro könnte sie ihnen schenken?

☺☺☹ c) Wie alt ist Tante Emma?

3 Die Antwort ist falsch. Welche Begründung stimmt? Kreuze an.

Paul ist 1,69 m groß. Sein Vater ist 17 cm
größer.
Wie groß ist der Vater?

☐ Alle Menschen sind kleiner als 2 Meter.

☐ Ein erwachsener Mann ist normaler-
weise zwischen 1,60 m und 2,10 m groß.

A: *Der Vater ist 3,39 m groß.*

☺☺☹

4 Welche Antwort ist falsch? Streiche durch und begründe.

Anna kauft sich eine neue Tasche für
16,99 €. Sie bezahlt mit einem
20-€-Schein.
Wie viel Wechselgeld bekommt sie
zurück?

A: *Sie bekommt 3,01 € zurück.*

A: *Sie bekommt 36,01 € zurück.*

☺☺☹ _____

Start ins Thema: Welche Skizze passt

1 Welche Skizze passt zur Aufgabe?
Verbinde die zueinanderpassenden Aufgaben und Skizzen.

a)
Steffi ist 1,42 m groß,
Sebastian ist 1,53 m groß.
Wie viel größer ist Sebastian
als Steffi?

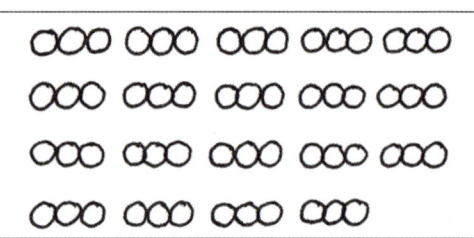

b)
In die Klasse 7a gehen
19 Kinder. Sie wollen im
Sportunterricht Dreier-
gruppen bilden.
Wie viele Gruppen gibt es
und bleiben Kinder übrig?

c)
Sandra ist schon 750 m
einen Berg hinauf gelaufen.
Sie läuft dann noch 500 m
weiter hinauf.
Wie viele Höhenmeter hat
sie am Ende bewältigt?

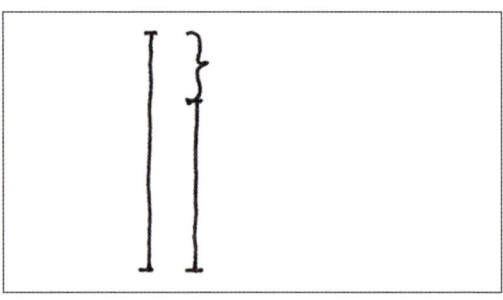

d)
Stefan gibt jeden Tag in der
Schule 3 € für Brötchen aus.
Wie viel ist das in
19 Schultagen?

e)
Stefanie, Tim, Paul und
Ole haben zusammen 30 €
geschenkt bekommen. Sie
möchten das Geld gerecht
aufteilen.
Wie viel bekommt jeder?

f)
Miriam hat 30 € und gibt da-
von 4 € für Zeitschriften aus.
Wie viel hat sie dann übrig?

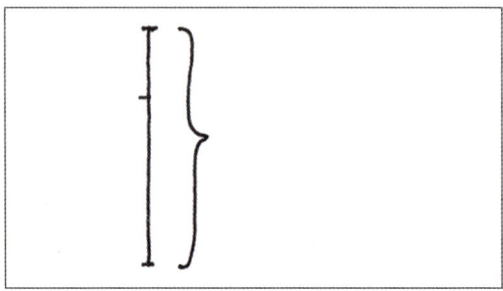

So gut kann ich die Aufgaben: 😊 😐 ☹

So geht es: Streifendiagramme und Gleichungen

Streifendiagramme

1 Ergänze die Streifendiagramme.

> In einen Streifen trage ich die Fahrzeiten und die Pause ein. Dann kann ich die gesamte Fahrzeit berechnen. Ich kann auch die Zwischenstopps und die Ankunftszeit ermitteln.

a) Die Schüler der Klasse 7a unternehmen eine Klassenfahrt. Um 8:20 Uhr fährt der Zug los. Die Bahnfahrt dauert 2 Stunden. Nach 20 Minuten Pause fahren die Schüler mit dem Fahrrad bis zur Herberge. Für die Strecke brauchen sie 30 Minuten.

Wie lange sind sie insgesamt unterwegs? Wann kommen sie an?

Fahrzeit insgesamt: _____		
2 Stunden Bahnfahrt	20 Minuten Pause	30 Minuten Fahrrad

8:20 Uhr   10:20 Uhr   10:40 Uhr   _____ Uhr

b) Von einem Bahnhof fahren zwei Züge zum gleichen Zeitpunkt los. Der Zug nach Westen fährt in der Stunde 150 km. Der Zug nach Osten fährt pro Stunde 80 km.

Wie weit sind die beiden Züge nach einer Stunde voneinander entfernt?

150 km nach Westen	_____ km nach Osten
Entfernung nach 1 Stunde	_____ Kilometer

Gleichungen

2 Ergänze die fehlende Zahl.

> Meine Tante ist 25 Jahre älter als ich. Sie ist 39 Jahre alt. Wie alt bin ich?

$$\boxed{} + 25 = 39$$

> Ich überlege, welche Zahl ich einsetzen kann, damit die Gleichung stimmt.

3 Welche Gleichung passt zu der Aufgabe? Ordne zu.

a) Pauls Kusine ist 2 Jahre jünger als Paul. Sie ist 11 Jahre alt.

b) Miras Bruder ist 7 Jahre älter als Mira. Er ist 19 Jahre alt.

c) Oles Nichte ist 7 Jahre jünger als Ole. Sie ist 5 Jahre alt.

d) Lisas Onkel ist 9 Jahre älter als Lisa. Er ist 23 Jahre alt.

$\boxed{} + 9 = 23$

$\boxed{} - 2 = 11$

$\boxed{} + 7 = 19$

$\boxed{} - 7 = 5$

Streifendiagramme

1 Ergänze jeweils das Streifendiagramm. Schreibe die Antwortsätze.

a) Die Schüler der Klasse 7b unternehmen eine Klassenfahrt.
Um 9:10 Uhr fährt der Zug los. Die Bahnfahrt dauert 2 Stunden und 20 Minuten.
Nach 30 Minuten Pause fahren sie mit dem Bus bis zur Herberge.
Die Busfahrt dauert 15 Minuten.
Wie lange sind die Schüler insgesamt unterwegs?
Wann kommen sie an?

Fahrzeit insgesamt: _____		
Bahnfahrt: 2 Stunden 20 Minuten	Pause: 30 Minuten	Busfahrt: 15 Minuten

9:10 Uhr　　_____ Uhr　　_____ Uhr　　_____ Uhr

_____

_____

b) Anna und Kenan starten um 8:00 Uhr zu einer Fahrradtour. Sie fahren 30 Minuten.
Für das Frühstück machen sie dann 20 Minuten Pause. Die zweite Etappe dauert
50 Minuten, die dritte Etappe 40 Minuten. Dazwischen machen sie 10 Minuten Pause.
Wie lange sind beide insgesamt unterwegs? Wann kommen sie an?

Fahrzeit insgesamt: _____				
1. Etappe: 30 Minuten	Pause: 20 Minuten	2. Etappe: 50 Minuten	Pause: 10 Minuten	3. Etappe: 40 Minuten

8:00 Uhr　_____ Uhr　_____ Uhr　_____ Uhr　_____ Uhr　_____ Uhr

_____

_____

c) Zwei Züge fahren zum gleichen Zeitpunkt los.
Der Zug nach Norden fährt in der Stunde 120 km.
Der Zug nach Süden fährt pro Stunde 70 km.
Wie weit sind die beiden Züge nach einer Stunde
voneinander entfernt?

120 km nach Norden	70 km nach Süden
Entfernung nach einer Stunde: _____ km	

_____

_____

2 Ergänze jeweils das Streifendiagramm. Schreibe die Antwortsätze.

a) Die Schüler der Klasse 7a unternehmen eine Klassenfahrt.
Um 10:15 Uhr fährt der Zug los. Die Bahnfahrt dauert 1 Stunde und 50 Minuten.
Nach 25 Minuten Pause fahren sie mit dem Bus bis zur Herberge. Die Busfahrt
dauert 45 Minuten. Wie lange sind die Schüler insgesamt unterwegs?
Wann kommen sie an?

Fahrzeit insgesamt: _____		
Bahnfahrt:	Pause:	Busfahrt:
_____	_____	_____

10:15 Uhr _____ Uhr _____ Uhr _____ Uhr

_____

_____

b) Tim und Ling-Ling starten um 8:50 Uhr zu einer Fahrradtour.
Sie fahren 45 Minuten. Für das Frühstück machen sie dann 15 Minuten Pause.
Die zweite Etappe dauert eine Stunde, die dritte Etappe 45 Minuten.
Dazwischen machen sie 5 Minuten Pause.
Wie lange sind beide insgesamt unterwegs? Wann kommen sie an?

Fahrzeit insgesamt: _____				
1. Etappe:	Pause:	2. Etappe:	Pause:	3. Etappe:
_____	_____	_____	_____	_____

8:50 Uhr _____ Uhr _____ Uhr _____ Uhr _____ Uhr _____ Uhr

_____

_____

3 Zeichne ein Streifendiagramm. Schreibe einen Antwortsatz.
Familie Müller fährt mit dem Auto in den Urlaub. Bis zum Ferienort sind es 1600 km.
Am ersten Tag fahren sie 800 km. Am zweiten Tag schaffen sie wegen einer Panne nur 300 km.
Wie viele Kilometer muss die Familie am dritten Tag noch fahren?

Gleichungen

1 a) Welche Gleichung passt zu der Aufgabe? Verbinde.

Lenas Opa ist 52 Jahre älter als Lena.
Er ist 65 Jahre alt.

_____ + 27 = 41

Oles Kusine ist 8 Jahre jünger als Ole.
Sie ist 4 Jahre alt.

_____ + 3 = 14

Tims Schwester ist 3 Jahre älter als Juri.
Sie ist 14 Jahre alt.

_____ + 52 = 65

Gretas Onkel ist 27 Jahre älter als Greta.
Er ist 41 Jahre alt.

_____ − 8 = 4

b) Welche Zahl muss man einsetzen, damit die Gleichung stimmt?
Markiere in derselben Farbe. Überprüfe.

| _____ + 27 = 41 | _____ + 3 = 14 | _____ + 52 = 65 | _____ − 8 = 4 |

11   12   13   14

14 + 27 = 41 ✓ _____   _____   _____

2 a) Welche Gleichung passt zu der Aufgabe? Verbinde.

Annas Onkel ist doppelt so alt wie Anna.
Er ist 26 Jahre alt.

_____ · 5 = 60

Tims Mutter ist 3-mal so alt wie Tim.
Sie ist 33 Jahre alt.

_____ · 2 = 26

Lauras Kusine ist halb so alt wie Mira.
Sie ist 7 Jahre alt.

_____ : 2 = 7

Noahs Oma ist 5-mal so alt wie Noah.
Sie ist 60 Jahre alt.

_____ · 3 = 33

b) Welche Zahl muss man einsetzen, damit die Gleichung stimmt?
Markiere in derselben Farbe. Überprüfe.

| _____ · 5 = 60 | _____ · 2 = 26 | _____ : 2 = 7 | _____ · 3 = 33 |

11   12   13   14

12 · 5 = 60 ✓ _____   _____   _____

3 a) Welche Gleichung passt zu der Aufgabe?
Markiere in derselben Farbe.

Marias Onkel ist 4-mal so alt wie Maria. Er ist 52 Jahre alt.	_____ + 28 = 39
Nicos Schwester ist 7 Jahre jünger als Nico. Sie ist 5 Jahre alt.	_____ · 4 = 52
Bens Kusine ist halb so alt wie Ben. Sie ist 7 Jahre alt.	_____ : 2 = 7
Annikas Vater ist 28 Jahre älter als Greta. Er ist 39 Jahre alt.	_____ – 7 = 5

b) Welche Zahl muss man einsetzen, damit die Gleichung stimmt?
Markiere in derselben Farbe. Überprüfe.

___ – 7 = 5	___ · 4 = 52	___ + 28 = 39	___ : 2 = 7
11	12	13	14

_____ _____ _____ _____

4 Schreibe die Gleichung auf.
Welche Zahl musst du einsetzen, damit die Gleichung stimmt?
Markiere Aufgabe und Lösung in derselben Farbe.

Neles Bruder ist 9 Jahre jünger als Nele. Er ist 5 Jahre alt.

_____ _____ – 9 = 5

11

Andres Tante ist 3-mal so alt wie Andre. Sie ist 33 Jahre alt.

_____ _____

12

Renes Kusine ist halb so alt wie Rene. Sie ist 6 Jahre alt.

_____ _____

13

Erkans Oma ist 49 Jahre älter als Erkan. Sie ist 62 Jahre alt.

_____ _____

14

So geht es: Rechenschritte planen und Rechenbäume zeichnen

1 Die 14 Schülerinnen und Schüler der 8. Klasse fahren ins Zeltlager.
Die Busfahrt kostet insgesamt 300€. Für Unterkunft und Verpflegung müssen pro Tag und Person 16€ bezahlt werden. Die Jugendlichen bleiben für vier Nächte in dem Zeltlager. Wie viel muss die Klasse insgesamt bezahlen?

a) Welche Rechenschritte musst du durchführen? Ergänze die Sprechblase.

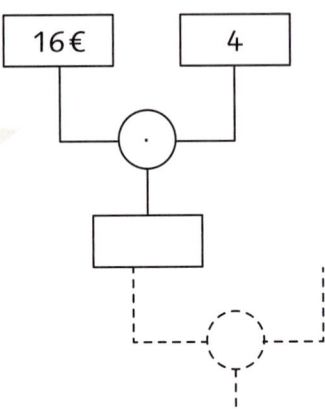

> Für die Lösung brauche ich mehrere Rechenschritte. Zuerst berechne ich, wie viel eine Person für Unterkunft und Verpflegung für 4 Tage bezahlt. Dann ...
>
> _____
>
> _____
>
> _____

b) Ergänze den Rechenbaum.

c) Löse die Aufgabe mithilfe des Rechenbaums.

2 Ordne jeder Sachaufgabe den passenden Rechenbaum zu. Verbinde.

A Lena und Ole gehen zu einem Konzert. Insgesamt geben sie für den Abend 150€ aus. Davon haben sie 40€ für Fanartikel ausgegeben, den Rest für die Karten. Wie viel hat eine Karte gekostet?

B Familie Lee fliegt in den Urlaub. Für jedes der vier Flugtickets zahlen sie 150€. Das Taxi zum Hotel kostet 40€. Wie hoch sind die Kosten für Flug und Taxi insgesamt?

C Ina bekommt monatlich 40€ Taschengeld. Zum Geburtstag bekommt sie zusätzlich 150€. Wie viel Geld bekommt sie im ganzen Jahr?

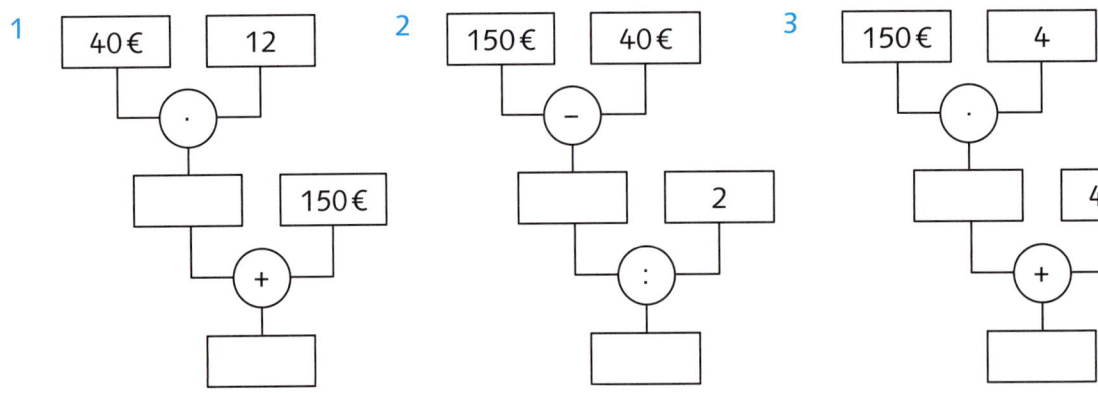

Rechenschritte planen und Rechenbäume zeichnen

1 Ergänze den Rechenbaum. Löse die Aufgabe.

a) Bei Familie Müller muss die Heizung repariert werden.
Der Installateur arbeitet 2 Stunden an der Heizung.
Pro angefangener Stunde stellt er 34,50 € in Rechnung.
Für die Anfahrt kommen noch einmal 45 € dazu.
Wie viel muss Familie Müller bezahlen?

Antwort: _____

b) Ole hat 100 € gespart. Für seinen PC kauft er eine neue
Tastatur für 40 €. Von dem übrigen Geld holt er für sich
und seinen besten Freund zweimal dasselbe Spiel.
Wie viel hat ein Spiel gekostet?

Antwort: _____

2 Ordne die Rechenschritte. Zeichne einen passenden Rechenbaum.

a) Für einen Ausflug ins Spaßbad zahlt ein Erwachsener 14 €,
Kinder bis 16 Jahre zahlen nur 9,50 €. Wie viel sparen
zwei Erwachsene und ein Kind, wenn sie die Familienkarte
für 25 € nehmen?

Rechenbaum:

Rechenschritte:
☐ Eintritt Eltern + Eintritt Kind
☐ Gesamteintritt − Eintritt (Familienkarte)
☐ Eintritt (Erwachsener) · 2

b) Das Motorrad von Frau Kowalski hat ein Leergewicht von
204 kg. Das zulässige Gesamtgewicht beträgt 407 kg.
Wie viel darf sie noch zuladen, wenn sie (mit ihrer
Kleidung) 74 kg und ihr Beifahrer 84 kg wiegt?

Rechenbaum:

Rechenschritte:
☐ zulässiges Gesamtgewicht − Leergewicht
= maximale Zuladung
☐ maximale Zuladung − Gewicht der Personen
☐ Gewicht (Frau Kowalski) + Gewicht (Sozius)

3 Ordne die Rechenschritte. Zeichne einen passenden Rechenbaum.

Ling-Ling fährt mit ihren Eltern und einer Freundin in den Urlaub. Für einen Erwachsenen kostet die Reise 320 €, für einen Jugendlichen 250 €. Außerdem plant die Familie 200 € für Ausflüge und 50 € Taschengeld für die Mädchen ein.
Wie teuer wird der Urlaub?

Rechenbaum:

Rechenschritte:
- ☐ Reisekosten (Erwachsener) · 2
- ☐ Ausflüge + Taschengeld = Zusatzkosten
- ☐ Reisekosten (Jugendliche) · 2
- ☐ Reisekosten Jugendliche + Erwachsene
- ☐ Reisekosten gesamt + Zusatzkosten

4 Welche Rechenschritte musst du machen? Schreibe auf. Erstelle einen passenden Rechenbaum. Löse die Aufgabe mit Hilfe des Rechenbaums.

Es werden 3 396 Eier in Kartons zu 6 und 10 Eiern verpackt. 210 Zehnerkartons sind bereits gefüllt, der Rest wird in Sechserkartons verpackt. Wie viele Kartons werden insgesamt benötigt?

Rechenbaum:

Rechenschritte:
- ☐ _____
- ☐ _____
- ☐ _____
- ☐ _____
- ☐ _____

Antwort: _____

5 Formuliere zu dem Rechenbaum eine passende Sachaufgabe.

_____
_____
_____
_____

```
 ┌──────┐ ┌────┐
 │ 20 € │ │ 3  │
 └───┬──┘ └─┬──┘
     └──(·)─┘
 ┌──────┐ ┌──────┐
 │ 60 € │ │ 75 € │
 └───┬──┘ └─┬────┘
     └──(+)─┘
   ┌────────┐
   │ 135 €  │
   └────────┘
```

Das kann ich schon

1 Ergänze das Streifendiagramm. Schreibe den Antwortsatz.

Die Schüler der Klasse 7b unternehmen eine Klassenfahrt. Um 8:00 Uhr fährt der Zug los. Die Bahnfahrt dauert 50 Minuten. Nach 30 Minuten Pause fahren sie mit dem Bus bis zur Herberge. Die Busfahrt dauert 20 Minuten.

Wie lange sind die Schüler insgesamt unterwegs? Wann kommen sie an?

Fahrzeit insgesamt: _____		
Bahnfahrt:	Pause:	Busfahrt:

8:00 Uhr   _____ Uhr   _____ Uhr   _____ Uhr

_____

 _____

2 a) Welche Gleichung passt zu der Aufgabe? Verbinde.

Stefans Tante ist 3-mal so alt wie Stefan.
Sie ist 42 Jahre alt.

_____ : 2 = 6

Samiras Opa ist 55 Jahre älter als Samira.
Er ist 68 Jahre alt.

_____ · 3 = 42

Marios Kusine ist halb so alt wie Mario.
Sie ist 6 Jahre alt.

_____ + 55 = 68

b) Welche Zahl muss man einsetzen, damit die Gleichung stimmt?
Markiere in derselben Farbe.

  (____ + 55 = 68) (12) (____ : 2 = 6) (13) (____ · 3 = 42) (14)

3 Ordne die Rechenschritte. Zeichne einen passenden Rechenbaum.

Familie Akgün fährt mit dem Auto in den Urlaub.
Das Auto hat ein Leergewicht von 1320 kg.
Familie Akgün wiegt zusammen 272 kg. Das zulässige Gesamtgewicht des Autos beträgt 1850 kg.
Wie viel darf das Gepäck höchstens wiegen?

Rechenschritte:

[ ] maximale Zuladung – Gewicht der Familie
[ ] zulässiges Gesamtgewicht – Leergewicht

Start ins Thema: Lösungsplan

1 Ein Tankwagen ist mit 8 462 l Biodiesel beladen. Die Tankstelle in Hagen wird mit 2 138 l beliefert.

Die Schritte des Lösungsplans sind durcheinander geraten. Ordne jedem Schritt die richtige Zahl zu und schreibe den Lösungsweg in der richtigen Reihenfolge auf.

☐ Im Tankwagen bleiben 6 3 2 4 l.

☐ 6 3 2 4 l ≈ 6 0 0 0 l

☐ Wie viele Liter bleiben im Tankwagen?

☐
```
            5 12
      8 4  6̶  2̶  l
   –  2 1  3  8  l
      6 3  2  4  l
```

☐ 8 0 0 0 l – 2 0 0 0 l = 6 0 0 0 l

1. Ich lese die Aufgabe genau und schreibe eine Frage.	Frage:
2. Ich nutze Rechenhilfen. z.B.: Überschlag, Skizze, Zahlenstrahl, Material	Überschlag:
3. Ich rechne die Aufgabe aus.	Rechnung:
4. Ich überprüfe das Ergebnis.	Überprüfung:
5. Ich schreibe eine Antwort.	Antwort:

So gut kann ich die Aufgaben: 😊😐☹

So geht es: mit einem Lösungsplan arbeiten

1 Bisher hast du Sachaufgaben mit einem Lösungsplan in fünf Schritten bearbeitet:

1. Ich lese die Aufgabe genau und schreibe eine Frage.

2. Ich nutze Rechenhilfen.
   Z.B.: Überschlag, Skizze, Zahlenstrahl, Material

3. Ich rechne die Aufgabe aus.

4. Ich überprüfe das Ergebnis.

5. Ich schreibe eine Antwort.

Nun kommt ein Schritt hinzu:

Ich überlege, welche Angaben ich zum Lösen der Aufgabe brauche, und schreibe sie auf.

a) An welcher Stelle würdest du diesen Schritt in den Lösungsplan einfügen?
Begründe deine Entscheidung.

_____

_____

_____

b) Bearbeite die Sachaufgabe nach dem ergänzten Lösungsplan.

In drei Schulen hat die Polizei insgesamt 920 Fahrräder auf ihre Verkehrstauglichkeit überprüft.
Bei 360 Fahrrädern wurden Mängel festgestellt.
70 Fahrräder hatten kein geeignetes Schloss.
Die Fahrräder von 30 Schülern konnten nicht überprüft werden, da sie krank waren.
Wie viele Fahrräder waren verkehrstauglich?

Frage:

Angaben:

Welche Angaben sind wichtig?

Überschlag:

Rechnung:

Überprüfung:

Antwort:

Vogelzählung in Deutschland

Jedes Jahr bittet der NABU darum, die Vögel im eigenen Garten zu zählen und die Anzahl zu melden. Sehr viele Menschen zählen mit. 2017 haben besonders viele Menschen mitgezählt, mehr als 60000. Die Zahlen sagen uns nicht, wie viele Vögel es gibt, sondern nur, wie viele Tiere gezählt wurden.

Vogelart	Zählung 2010	Zählung 2017
Haussperling	116619	192919
Amsel	100242	137686
Kohlmeise	68642	110314
Blaumeise	55425	88803
Star	51596	98477
Elster	38798	64251
Grünfink	38070	43011
Buchfink	31668	38938
Mauersegler	30171	52471
Mehlschwalbe	29441	51394

1 Wie viele Elstern wurden 2010 weniger gemeldet als 2017?

Angaben:

Überschlag:

Rechnung:

Überprüfung:

Antwort: _____

2 Wie viele Kohlmeisen wurden 2010 mehr gesehen als Blaumeisen?

Angaben:

Überschlag:

Rechnung:

Überprüfung:

Antwort: _____

3 Wie groß ist 2017 die Differenz zwischen der Anzahl der Haussperlinge und der Anzahl der Amseln?

Angaben:

Überschlag:

Rechnung:

Überprüfung:

Antwort: _____

4 Denke dir eine eigene Frage aus. Löse die Sachaufgabe.

Frage: _____

Angaben:

Überschlag:

Rechnung:

Überprüfung:

Antwort: _____

Tischfußball

Außenmaße	Länge	146 cm
	Gesamtbreite (ohne Stangen)	75 cm
Spielfeld	Länge	120 cm
	Breite	69 cm
Stangen	Länge	130 cm davon Griff 10 cm
Figur	Gesamtlänge	11,3 cm
	Länge Stange bis Fuß	7,2 cm
Tor	Breite	20,5 cm
	Höhe	6,5 cm

1 a) Wie breit ist der Holzrahmen an den langen Seiten?

Angaben:

Überschlag:

Rechnung:

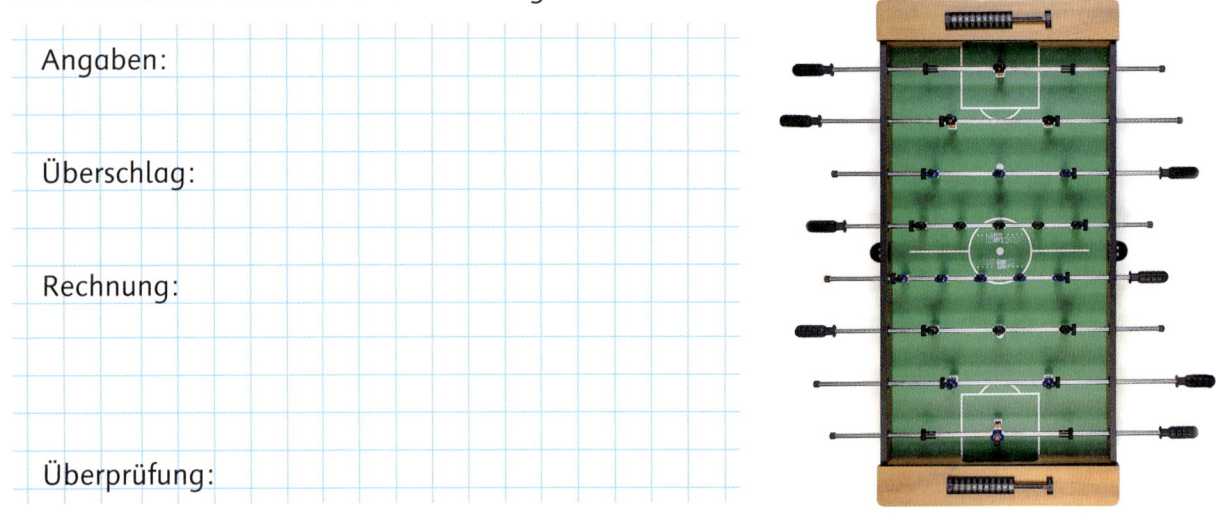

Überprüfung:

Antwort: _____

b) Wie breit sind die Ablageflächen an den kurzen Seiten?

Angaben:

Überschlag:

Rechnung:

Überprüfung:

Antwort: _____

2 a) Wie weit ragt die Stange (ohne den Griff) insgesamt aus dem Tisch heraus?

Angaben:

Überschlag:

Rechnung:

Überprüfung:

Antwort: _____

b) Wie weit ragt die Stange mit dem Torwart an jeder Seite aus dem Tisch heraus,
wenn der Torwart genau in der Mitte steht?

Angaben:

Überschlag:

Rechnung:

Überprüfung:

Antwort: _____

_____

3 Ein Satz Tischfußballstangen besteht aus acht Stangen Stahlrohr. Wie viele Meter Stahlrohr
werden für einen Satz benötigt?

Angaben:

Überschlag:

Rechnung:

Überprüfung:

Antwort: _____

Die größte Autofabrik

Die größte zusammenhängende Autofabrik der Welt befindet sich in Wolfsburg. 1,5 km lang ist die Werksfront in rotem Klinkerstein entlang des Mittellandkanals. Etwa 50 000 Menschen arbeiten in der Fabrik in Wolfsburg, davon etwa 20 000 in der Produktion und etwa 10 000 im Bereich Forschung und Entwicklung. Auf dem Gelände gibt es 75 km Straßen und 70 km Schienennetz. Über Nacht liefern etwa 550 Lastwagen Material an und täglich werden 480 Eisenbahnwaggons abgefertigt.

1 a) Jede halbe Stunde laufen 75 Autos vom Produktionsband. Wie viele Autos werden in 24 Stunden produziert?

Angaben:

Überschlag:

Rechnung:

Überprüfung:

Antwort: _____

b) Im Januar wurde an 19 Tagen gearbeitet.

Frage: _____

Angaben:

Überschlag:

Rechnung:

Überprüfung:

Antwort: _____

2 Das Werk ist 8 km² groß, davon sind 1,6 km² überdachte Hallen.

Frage: _____

Angaben:

Überschlag:

Rechnung:

Überprüfung:

Antwort: _____

3 Die Currywurst ist das beliebteste „Modell" dieser Autofabrik – und sie wird immer mehr zu einem Verkaufsschlager: Während im Jahr 2010 nur 4,2 Millionen Currywürste in der werkseigenen Metzgerei produziert wurden, waren es 2015 bereits 7,2 Millionen Stück. Im gleichen Jahr wurden 5,82 Millionen Fahrzeuge produziert.

a) Um wie viele Würste ist die Produktion gestiegen?

Angaben:

Überschlag:

Rechnung:

Überprüfung:

Antwort: _____

b) Um wie viel überstieg 2015 die Zahl der verkauften Würstchen die Anzahl der produzierten Fahrzeuge?

Angaben:

Überschlag:

Rechnung:

Überprüfung:

Antwort: _____

Schülercafé

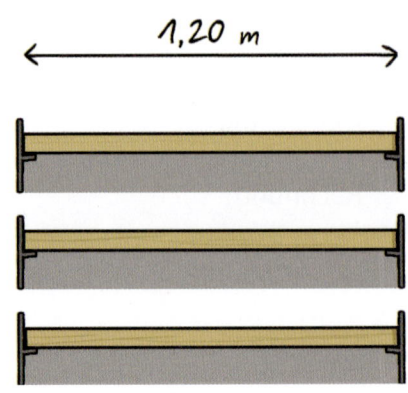

1,20 m

1 Die Werken-AG möchte ein Regal für das Café bauen und benötigt dafür drei Regalbretter, je 1,20 m lang, sowie jeweils zwei Wandhalterungen.

a) Im Baumarkt gibt es einzelne Wandhalterungen zu je 3,99 € und ein Zweier-Set für 6,45 €. Welche Halterungen sind günstiger?

Angaben:

Überschlag:

Rechnung:

Überprüfung:

Antwort: _____

b) Die Schüler müssen zwischen Regalbrettern, 1,20 m lang, zu 12,99 € und Holzplatten von 2,50 m Länge zu 24,99 € auswählen.

Frage: _____

Angaben:

Überschlag:

Rechnung:

Überprüfung:

Antwort: _____

c) Wie viel kostet das Regal?

Angaben:

Überschlag:

Rechnung:

Überprüfung:

Antwort: _____

2 Kenan muss beim Verkauf immer wieder auf die Preisliste schauen. Rechne in € um.

a) Paul möchte zwei ganze Brötchen, einen Tee und einen Saft.

Frage: _____

Angaben:

Überschlag:

Sandwich	................ganz	70ct
	..................halb	40ct
Brötchen	................ganz	80ct
	..................halb	50ct
Baguette	....	80ct
Tee	....	30ct
Cappucchino	....	40ct
Trinkpäckchen	....	30ct
Milch	....	30ct
Saft (Apfel, Orange, Kirsche)		25ct
Menthol-Drops	....	50ct
Müsliriegel	....	20ct
Schokoriegel	....	25ct

Rechnung:

Überprüfung:

Antwort: _____

b) Tina kauft ein Trinkpäckchen und mehrere Schokoriegel. Sie zahlt 1,55 €.
   Wie viele Schokoriegel hat sie gekauft?

Angaben:

Überschlag:

Rechnung:

Überprüfung:

Antwort: _____

Mixgetränke

Auf dieser Seite findest du eine Kapitänsaufgabe. Kreise sie ein.
Löse nur die beiden anderen Aufgaben.

1 Im Kühlschrank stehen noch 4 Liter
Bananensaft und 3 Liter Kirschsaft.
Wie viele Liter KiBa können noch
nach diesem Rezept gemixt werden?

2 Greta möchte 5 Liter Kinderpunsch
mixen.
Wie lange muss der Tee ziehen?

Apfelschorle
$\frac{1}{4}$ l Apfelsaft

$\frac{3}{4}$ l Mineralwasser

Kinderpunsch
500 ml Früchtetee
250 ml Apfelsaft
250 ml Orangensaft
Honig und Zimt
nach Geschmack

KiBa
500 ml Bananensaft
250 ml Kirschsaft

Spezi
300 ml Orangenlimonade
350 ml Cola

3 Beim Schulfest wurden 7,5 Liter (7 500 ml) KiBa verkauft. Vom Kinderpunsch wurde doppelt
so viel verkauft. Wie viele ml Früchtetee und wie viele ml Saft wurden dafür verwendet?

☐ Angaben:

Überschlag:

Rechnung:

Überprüfung:

Antwort: _____

☐ Angaben:

Überschlag:

Rechnung:

Überprüfung:

Antwort: _____

Das kann ich schon

Garten- und Landschaftsbau	mit Ausbildung	ohne Ausbildung
Verdienst		
Verdienst im Monat (brutto)	1 939,00 €	1 353,00 €
Sozialversicherungen		
Rentenversicherung	190,03 €	132,60 €
Arbeitslosenversicherung	29,09 €	20,30 €
Pflegeversicherung	18,91 €	13,20 €
Krankenversicherung	159,01 €	110,95 €
Steuern		
Lohnsteuer	204,33 €	68,41 €
Solidaritätszuschlag	11,23 €	0,00 €
Kirchensteuer	18,38 €	6,15 €

Die Abzüge gelten für ledige Personen ohne Kinder.

Brutto bedeutet:
Vom Verdienst sind noch Sozialversicherungen und Steuern abzuziehen.

Netto bedeutet:
Der Verdienst, der nach den Abzügen übrig ist. Nur dieser Nettolohn wird tatsächlich ausgezahlt.

1 In der Tabelle ist der Verdienst im Garten- und Landschaftsbau angegeben.
Herr Ernst ist 20 Jahre alt, hat seine Ausbildung abgeschlossen, ist nicht verheiratet und hat keine Kinder.

a) Wie hoch sind die Abzüge (Sozialversicherungen und Steuern) insgesamt?

Angaben:

Überschlag:

Rechnung:

Überprüfung:

☺ ☺ ☹ Antwort: _____

b) Was verdient Herr Ernst ungefähr netto im Monat? Überschlage.

Angaben:

Überschlag:

☺ ☺ ☹

Antwort: _____

Start ins Thema: Enrico Fermi

Enrico Fermi wurde am 29.9.1901 in Rom geboren. Er war italienischer Physiker und erhielt 1938 den Nobelpreis für Physik. Er starb am 29.11.1954 in Chicago.

Wie viele Klavierstimmer gibt es in Chicago?

Chicago ist eine Großstadt in den USA.

Welches Ergebnis kann stimmen? Kreise ein.

Warum sind die anderen Ergebnisse falsch? Begründe.

In Chicago gibt es keinen Klavierstimmer.

_____
_____
_____

In Chicago gibt es einen Klavierstimmer.

_____
_____
_____

In Chicago gibt es 100 Klavierstimmer.

_____
_____
_____

In Chicago gibt es 1000000 Klavierstimmer.

_____
_____
_____

Im Alltag kann man nicht immer mit genauen Werten rechnen. Entweder sind die genauen Werte uninteressant oder man kann sie nicht herausfinden. Deshalb muss man möglichst gut schätzen. Enrico Fermi entwickelte Aufgaben und Fragen, bei denen das Ergebnis nicht genau berechnet werden kann. Es gibt mehrere richtige Lösungen.

So gut kann ich die Aufgaben: ☺ 😐 ☹

So geht es: Fermi-Aufgaben

Wie oft im Jahr wird die Türklinke eures Klassenraums gedrückt?

So fange ich an

Welche Daten brauchst du?
Markiere die Fragen farbig
und schreibe die Werte auf:

blau: Was kannst du genau
beantworten?

rot: Was musst du
schätzen?

Wie oft kommt in den Ferien
jemand in den Raum?

Wie viele Schultage
hat ein Jahr?

Wie oft kommt jemand während
des Unterrichts in den Raum,
wie oft geht jemand hinaus?

Wie viele Stunden
werden pro Tag in dem
Raum unterrichtet?

geschätzt	genau
	Schultage:

So rechne ich weiter

Ordne deine Daten und schreibe deinen Lösungsweg auf.

Das habe ich herausbekommen

Schreibe dein Ergebnis auf.

Kann das Ergebnis stimmen?

Überlege: Ist das Ergebnis sinnvoll? War dein Rechenweg sinnvoll?
Wie ändert sich das Ergebnis, wenn du die Schätzwerte änderst?

Fermi-Aufgaben

PROTOKOLLBOGEN FÜR FERMI-AUFGABEN

Das ist meine Fermi-Aufgabe:

Wie viele Kilometer läuft ein Mensch in seinem Leben?

So fange ich an: / Das schätze ich:

So rechne ich weiter:

Das habe ich herausbekommen:

Kann das Ergebnis stimmen?

PROTOKOLLBOGEN FÜR FERMI-AUFGABEN

Das ist meine Fermi-Aufgabe:

Wie viele Liter Saft hat

ein Supermarkt vorrätig?

So fange ich an: / Das schätze ich:

So rechne ich weiter:

Das habe ich herausbekommen:

Kann das Ergebnis stimmen?

PROTOKOLLBOGEN FÜR FERMI-AUFGABEN

Das ist meine Fermi-Aufgabe:

Wie viele Kilogramm Kaugummi werden in einem Jahr an eurer Schule gekaut?

So fange ich an: / Das schätze ich:

So rechne ich weiter:

Das habe ich herausbekommen:

Kann das Ergebnis stimmen?

PROTOKOLLBOGEN FÜR FERMI-AUFGABEN

Fermi-Aufgabe: Karten für das Endspiel

Greta und Ina wollen Karten für das Endspiel im Fußball kaufen. Als sie an der Kasse ankommen, steht schon eine 50 Meter lange Schlange vor ihnen.

Wie viele Menschen stehen etwa in der Schlange?

a) Probiert aus, wie viele Menschen in einer 5 Meter langen Schlange stehen könnten.

b) Überlegt dann, wie viele Menschen in der 50 Meter langen Schlange stehen könnten.

So fange ich an: / Das schätze ich:

So rechne ich weiter:

Das habe ich herausbekommen:

Kann das Ergebnis stimmen?

PROTOKOLLBOGEN FÜR FERMI-AUFGABEN

Fermi-Aufgabe: Toilettenpapier

Wie viele Kilometer

Toilettenpapier verbraucht

eure Klasse pro Jahr?

So fange ich an: / Das schätze ich:

So rechne ich weiter:

Das habe ich herausbekommen:

Kann das Ergebnis stimmen?

PROTOKOLLBOGEN FÜR FERMI-AUFGABEN

Fermi-Aufgabe: A 380-800

In dieses Flugzeug passen 853 Passagiere.

Wie viele Tonnen wiegen die Passagiere

zusammen, wenn alle Plätze belegt sind?

So fange ich an: / Das schätze ich:

So rechne ich weiter:

Das habe ich herausbekommen:

Kann das Ergebnis stimmen?

Das kann ich schon

1 PROTOKOLLBOGEN FÜR FERMI-AUFGABEN

Das ist meine Fermi-Aufgabe:

Wie viele Arbeitsblätter bekommt deine Klasse im Jahr?

So fange ich an: / Das schätze ich:

So rechne ich weiter:

Das habe ich herausbekommen:

☺ 😐 ☹

2 a) Zwei dieser Antworten können nicht stimmen. Streiche sie durch.

| Wir bekommen 1 000 Arbeitsblätter im Schuljahr. | Unsere Klasse bekommt 150 000 Arbeitsblätter im Jahr. | Wir bekommen zehn Arbeitsblätter im Schuljahr. |

b) Warum sind die Antworten falsch? Begründe.

_____

_____

☺ 😐 ☹ _____

Auf einen Blick:

Sachaufgaben lösen

Lösungsplan

1. Ich lese die Aufgabe genau und schreibe eine Frage auf.
2. Ich überlege, welche Angaben ich zum Lösen der Aufgabe brauche und schreibe sie auf.
3. Ich nutze Rechenhilfen, z. B. Überschlag, Skizze, Zahlenstrahl, Material.
4. Ich rechne die Aufgabe aus.
5. Ich überprüfe das Ergebnis.
6. Ich schreibe eine Antwort auf.

Frage: ...

Angaben: ...

Überschlag: ...

Rechnung: ...

Überprüfung: ...

Antwort: ...

Lösungshilfen

Streifendiagramme

Fahrzeit insgesamt:		
2 Stunden Bahnfahrt	20 Minuten Pause	30 Minuten Fahrrad

8:20 Uhr   10:20 Uhr   10:40 Uhr   ___ Uhr

Gleichungen

Pauls Kusine ist 2 Jahre jünger als Paul. Sie ist 11 Jahre alt.

☐ − 2 = 11

Ich überlege, welche Zahl ich einsetzen kann, damit die Gleichung stimmt.

Rechenschritte planen

- Rechenbaum zeichnen
- Angaben und passende Rechenart eintragen

Familie Lee fliegt in den Urlaub. Für jedes der vier Flugtickets zahlen sie 150 €. Das Taxi zum Hotel kostet 40 €. Wie hoch sind die Kosten für Flug und Taxi insgesamt?

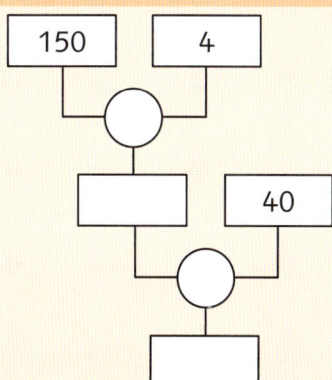

Fermi-Aufgaben

Im Alltag kann man nicht immer mit genauen Werten rechnen. Entweder sind die genauen Werte uninteressant oder man kann sie nicht herausfinden. Deshalb muss man möglichst gut schätzen.

Enrico Fermi entwickelte Aufgaben und Fragen, bei denen das Ergebnis nicht genau berechnet werden kann. Es gibt mehrere richtige Lösungen.